Inhalt

Beschaffungscontrolling - Vor allem der Mittelstand kann seinen Einkauf noch verbessern

Kernthesen

Beitrag

Fallbeispiele

Weiterführende Literatur

Impressum

# Beschaffungscontrolling - Vor allem der Mittelstand kann seinen Einkauf noch verbessern

H. Reil

Kernthesen

- 68 Prozent von 500 befragten Mittelstandsunternehmen geben an, dass sie keine oder zu wenig gute Einkäufer haben.
- Mittelständische Unternehmen nutzen kaum internetbasierte B2B-Marktplätze.
- Nach der Automobilindustrie entdecken auch andere Branchen das "Target

Costing" für sich.

Beitrag

Nur wer richtig einkauft, ist geschäftlich auch erfolgreich: Diese alte Händlerweisheit mag überspitzt klingen, sie erhält aber mehr als nur ein Körnchen Wahrheit; vor allem in Zeiten wie diesen, in denen die Konkurrenz an jeder Stellschraube dreht, um immer effizienter zu werden. Dem Einkauf kommt daher in jedem Unternehmen eine Schlüsselstellung zu - oder sollte es zumindest. Denn auffällig ist, dass es vor allem mittelständischen Firmen an guten Einkäufern zu mangeln scheint. Dieser Missstand ist nicht nur alarmierend, sondern eigentlich unverzeihlich. Er bietet jenen Mitbewerbern einen unschätzbaren Wettbewerbsvorteil, die ihren Geschäftserfolg auf einen Einkauf stützen, der mit zuverlässigen Daten operiert, die ihm ein gut aufgestelltes Beschaffungscontrolling zur Verfügung stellt. (1), (2)

Personalleiter beklagen ungenügende Qualifikationen von Einkäufern

Die Behauptung, dass der Einkauf vor allem beim Mittelstand noch ausbaufähig ist, ist alles andere als aus der Luft gegriffen. Schließlich geben das die Unternehmen selbst zu. Laut einer Untersuchung, die kürzlich die Personalberatungsfirma Penning Consulting in Zusammenarbeit mit Kerkhoff Consulting unter 500 mittelständischen Personal- und Einkaufsleitern organisiert hat, gaben 68 Prozent der Befragten an, dass sie keine oder nicht genügend gute Einkäufer hätten. 67 Prozent der Führungskräfte führten dieses Defizit auf mangelnde Qualifikationen der Bewerber zurück. Rund die Hälfte der Unternehmen benötigt daher auch zwischen vier und sechs Monate, um einen geeigneten Kandidaten zu finden. Diese relativ lange Zeitdauer mag allerdings auch darauf zurückzuführen sein, dass nur wenige Mittelständler moderne Netzwerkbörsen wie beispielsweise Xing nutzen. Außerdem wirkt sich ein weiterer Faktor negativ auf die erfolgreiche Suche nach geeigneten Einkäufern aus: 71 Prozent der Unternehmen gaben zu Protokoll, dass das Wunschgehalt der Bewerber in vielen Fällen zu hoch sei. (1)

"Electronic Sourcing" ist für mittelständische Betriebe noch ein Fremdwort

Auf Fragen zur Effizienz der Einkaufsprozesse oder nach zukünftigen Einsparpotenzialen können Einkaufsverantwortliche oftmals nur vage Antworten geben. Was auch immer die Gründe sein mögen, warum Firmen nicht gerade mit einem effizienten Einkauf und qualifizierten Beschaffungscontrollern glänzen, Fakt ist, dass Einkäufer in vielen Fällen ihr unbestreitbares Potenzial, entscheidend zum Geschäftserfolg beizutragen, nur unzureichend nutzen. Um den Einkauf und das Controlling effizienter zu gestalten, kommt es aber nicht nur auf die Qualität der Mitarbeiter an. Mittlerweile gibt es auch ausgereifte technologische Hilfen, die weit mehr können, als altehrwürdige Excel-Tabellen zu leisten vermögen. Auch das Internet als B2B-Marktplatz ist für gewiefte Einkäufer interessant. Vielen Beschaffungsabteilungen scheint das allerdings noch nicht aufgegangen zu sein. Ein Beispiel sind die mittelständischen Unternehmen der Chemieindustrie. Anders als für die Großen der Branche ist das sogenannte "Electronic Sourcing" für sie noch ein Fremdwort. Das ist erstaunlich: Denn ein B2B-Marktplatz wie beispielsweise www.mfg.com kann Lieferanten und Einkäufer zusammenbringen, die vorher vielleicht noch nicht einmal wussten, dass sie existieren. (2), (3)

"Target Costing": Kontinuierlicher

Dialog zwischen Einkäufern, Technikern und Zulieferern

Ein anderes Instrumentarium, um den Einkauf effizienter zu gestalten, ist das sogenannte "Target Costing". Die Automobilindustrie setzt es schon seit geraumer Zeit mit großem Erfolg ein. Jetzt versuchen auch andere Branchen, dieses Modell zu adaptieren. Der Grundgedanke: Während in der Regel der Preis für ein bestimmtes Produkt von den Herstellungskosten abgeleitet wird, stellt sich beim "Target Costing" noch vor der Fertigung die Frage, wie teuer ein Produkt sein darf, wenn es bestimmte Qualitätsmerkmale vorweisen soll. Dem Einkauf kommt beim "Target Costing" daher eine entscheidende Rolle zu: Er tauscht sich von Anfang an mit den Zulieferern und den Technikern im eigenen Haus aus, um in einem kontinuierlichen Dialog die niedrigsten Kosten für ein bestimmtes Produkt zu ermitteln. Dass sich diese Methode rechnet, haben Untersuchungen gezeigt: Mithilfe von "Target Costing" lassen sich Preissenkungen zwischen acht und 25 Prozent erzielen. (4)

Trends

Gertrag Ford Transmissions hat ein

Einkaufscontrolling entwickelt, das Schule machen kann. Der Full-Service Lieferant für Getriebe- und Antriebsstrangsysteme hat in sein "Supplier Cost Improvement Program (SCIP)" beispielsweise Ingenieure eingebunden, die vorher in Entwicklungs- und Fertigungsabteilungen tätig waren. Diese Fachleute arbeiten nun mit Einkäufern in einer Abteilung Hand in Hand. Ihr vorrangiges Ziel: Die Minimierung von Materialkosten. Der Erfolg gibt dem Unternehmen, das das Fraunhofer-Institut für Produktionstechnologie dank seiner herausragenden Leistungen im Einkauf ausgezeichnet hat, Recht: Gertrag Ford Transmissions hat beispielsweise in der Entwicklung durch Materialsubstitutionen bereits 500 000 Euro eingespart. (5)Automobilzulieferer sollten sich in Zukunft kooperationswilliger zeigen, um ihren Einkauf zu verbessern. Zu diesem Schluss kommt eine Studie, die Miebach Consulting veröffentlicht hat. Das Frankfurter Beratungsunternehmen behauptet, dass die Firmen bei einer Zusammenarbeit bis zu zehn Prozent ihrer Ausgaben einsparen könnten. Aber nicht nur die Beschaffungskosten würden sinken; dank der Kooperationen ließen sich auch die Produktionsbetriebe effizienter beliefern. An der Untersuchung nahmen 64 Autozulieferungsbetriebe teil. (6)

Fallbeispiele

Basierend auf der Studie der beiden Consultingfirmen Penning und Kerkhoff hat der Wiley Verlag im September dieses Jahres ein Buch mit dem Titel "Der strategische Faktor Personal im Einkauf. Warum Einkaufsorganisationen erfolgreich sind - andere aber nicht" veröffentlicht. Das 250 Seiten starke Werk kostet 29,90 Euro. (1)

Die Miba AG nutzt seit kurzem eine Einkaufscontrolling-Software des Spezialisten Softconics. Für das Unternehmen, das Antriebskomponenten produziert, bot sich die Implementierung des neuen Systems an, da sie den ehemals regionalen Einkauf auf ein weltweit agierendes "Lead Buyer System" umgestellt hat. Was die neun Werke des Konzerns benötigen, die unter anderem in so unterschiedlichen Ländern wie den USA und China ansässig sind, lässt sich mithilfe der Software effizient und kostengünstig berechnen. Die Miba AG erhofft sich außerdem eine stetige Verbesserung der Qualität ihrer Daten. (7)

Auch die E. Hawle Armaturenwerke GmbH, ein Unternehmen, das Schwerarmaturen für die Wasser-, Abwasser- und Gaswirtschaft herstellt, will mit der Softconics-Software schneller günstige Materialien identifizieren und Preistreiber aussondern. Hawle vertraut außerdem auf das Modul Einkaufsplanung, um verschiedene Beschaffungsszenarien zu simulieren. Neben der Zeitersparnis und größerer Planungssicherheit erhofft sich das Unternehmen auch eine deutliche Verringerung der Fehlerquote. (7)

Hogast, die österreichische Einkaufsgenossenschaft für Hotellerie und Gastronomie, hat für ihre über 2000 Mitgliedsbetriebe ein neues Food-&-Beverage-Einkaufstool entwickelt, mit dessen Hilfe sich die Beschaffungskosten für Speisen und Getränke drastisch senken lassen. Der Implementierung des neues Tools war eine Studie vorausgegangen, die Folgendes gezeigt hat: Die Einkäufer, die mit hogast zusammenarbeiten, haben zu 60 bis 70 Prozent Produkte bestellt, für die es auch günstigere Alternativen gegeben hätte. Bei einem Testlauf hat sich das neue Einkaufscontrolling-Tool bereits bewährt: Ein Gastronomiebetrieb in Linz konnte mithilfe der hogast-Software seine Beschaffungskosten um 40 Prozent senken. (8)

Weiterführende Literatur

(1) Unternehmen finden keine ausreichend qualifizierten Einkaufstalente Das Töpfchen bleibt fast leer
aus BA Beschaffung aktuell, Heft 8, 2010, S. 54

(2) Einkaufscontrolling: Mehr als IT Erfolg auf vier Säulen

aus BA Beschaffung aktuell, Heft 11, 2010, S. 28

(3) Chance Einkauf
aus CHEManager 18/2010

(4) Die Financial Supply Chain II: Target Costing Die „Zielpreisgestalter"
aus BA Beschaffung aktuell, Heft 11, 2010, S. 42

(5) Ergebnisse eines internationalen Benchmarking-Projekts, Teil III Materialkostenoptimierung und -transparenz
aus BA Beschaffung aktuell, Heft 8, 2010, S. 42

(6) Studie: Kooperationen zwischen Automobilzulieferern sind richtungsweisend Startschwierigkeiten von vornherein vermeiden
aus Industrieanzeiger, Heft 44, 2010, S. 13

(7) Überblick und Transparenz in allen Einkaufsaktivitäten Einkaufscontrolling in Österreich gefragt
aus BA Beschaffung aktuell, Heft 9, 2010, S. 28

(8) Einkaufscontrolling
aus "a3-gast" Nr. 09/10 vom 23.09.2010 Seite: 9

Impressum

Beschaffungscontrolling - Vor allem der Mittelstand kann seinen Einkauf noch verbessern

Bibliografische Information der deutschen Nationalbibliothek

Die Deutsche Nationalbibliothek verzeichnet diese Publikation in der deutschen Nationalbibliografie; detaillierte bibliografische Daten sind im Internet über http://dnb.d-nb.de abrufbar.

ISBN: 978-3-7379-0086-7

© 2015 GBI-Genios Deutsche Wirtschaftsdatenbank GmbH, Freischützstraße 96, 81927 München, www.genios.de

Alle Rechte vorbehalten. Dieses Werk ist einschließlich aller seiner Teile – z.B. Texte, Tabellen und Grafiken - urheberrechtlich geschützt. Jede Verwertung außerhalb der Grenzen des Urheberrechtsgesetzes bedarf der vorherigen Zustimmung des Verlags. Dies gilt insbesondere auch für auszugsweise Nachdrucke, fotomechanische

Vervielfältigungen (Fotokopie/Mikroskopie), Übersetzungen, Auswertungen durch Datenbanken oder ähnliche Einrichtungen und die Einspeicherung und Verarbeitung in elektronischen Systemen.